AF239988

Impressum
Verlag: BABADADA GmbH, Nedderfeld 112 , 22529 Hamburg
Geschäftsführer / Verlagsleitung: Harald Hof
Druck: Books on Demand GmbH, In de Tarpen 42, 22848 Norderstedt

Imprint
Publisher: BABADADA GmbH, Nedderfeld 112 , 22529 Hamburg, Germany
Managing Director / Publishing direction: Harald Hof
Print: Books on Demand GmbH, In de Tarpen 42, 22848 Norderstedt, Germany

სკოლა
学校

საკლასო ოთახი
教室
გაყოფა
除
186/2
დაფა
黑板
მასწავლებელი
老师
სკოლის ეზო
ქაღალდი
纸
წერა
书写
კალამი
钢笔
მაგიდა
办公桌
სახაზავი
直尺
წიგნი
书
მოსწავლე
学生

ზურგჩანთა
书包

პენალი
铅笔盒

ფანქარი
铅笔

ფანქრების სათლელი
卷笔刀

საშლელი
橡皮擦

ნახატების ალბომი
画板

ნახატი

图画

ფუნჯი

画笔

საღებავის ყუთი

颜料盒

მაკრატელი

剪刀

წებო

胶水

სავარჯიშო რვეული

练习册

საშინაო დავალება

家庭作业

12

ნომერი

数字

2+2

დამატება

加

5-2

გამოკლება

减

2×2

გამრავლება

乘

გამოთვლა

计算

A

წერილი

字母

ABCDEFG HIJKLMN OPQRSTU VWXYZ

ანბანი

字母表

hello

სიტყვა

字

ტექსტი

课文

წაკითხვა

读

ცარცი

粉笔

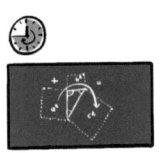

გაკვეთილი

上课

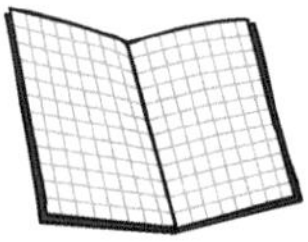

რეგისტრაცია

登记

გამოცდა

考试

სერტიფიკატი

证书

სკოლის ფორმა

校服

განათლება

教育

ენციკლოპედია

百科全书

უნივერსიტეტი

大学

მიკროსკოპი

显微镜

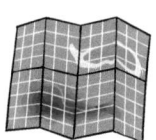

რუქა

地图

კალათა ნარჩენი ქაღალდებისათვის

废纸筐

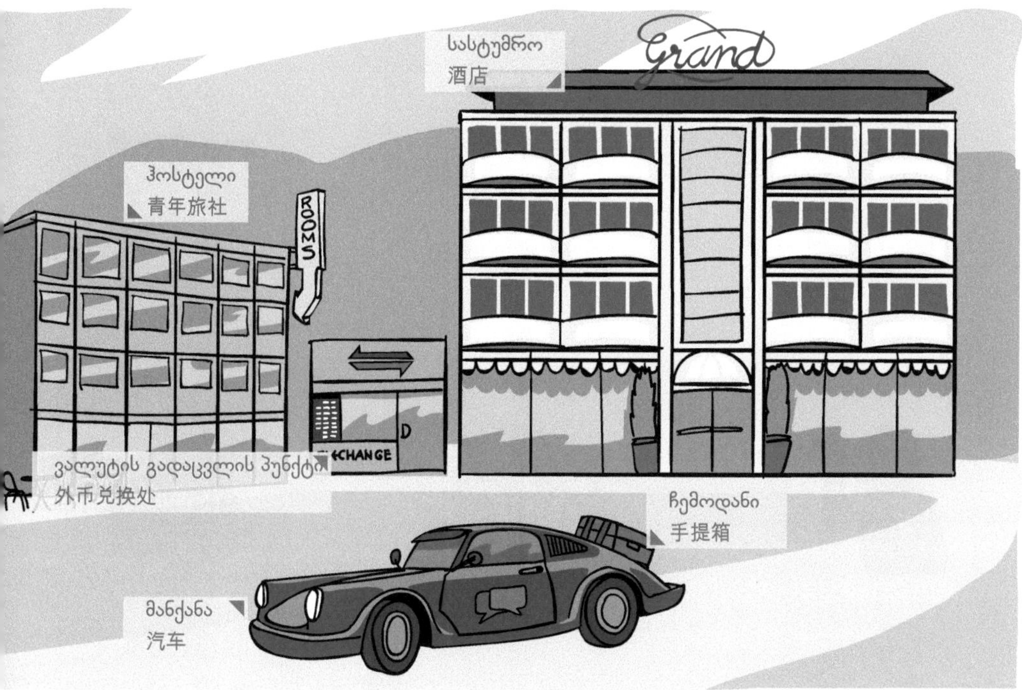

სასტუმრო
酒店
Grand
ჰოსტელი
青年旅社
ROOMS
CHANGE
ვალუტის გადაცვლის პუნქტი
外币兑换处
ჩემოდანი
手提箱
მანქანა
汽车

ენა

语言

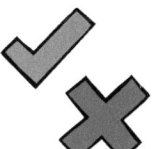

კი / არა

是/否

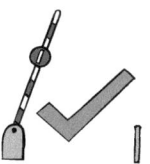

კარგი

好的

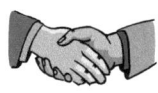

გამარჯობა

您好

მთარგმნელი

翻译员

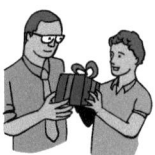

გმადლობთ

谢谢

რა ღირს... ?

……多少钱？

ვერ გავიგე

我不明白

პრობლემა

问题

აღამო მშვიდობისა!

晚上好！

დილა მშვიდობისა!

早上好！

ღამე მშვიდობისა!

晚安！

ნახვამდის

再见

მიმართულება

方向

ბარგი

行李

ჩანთა

包

ზურგჩანთა

双肩包

სტუმარი

客人

ოთახი

房间

საძილე ტომარა

睡袋

კარავი

帐篷

ტურისტული ინფორმაცია

旅游信息

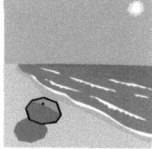

სანაპირო

海滩

საკრედიტო ბარათი

信用卡

საუზმე

早餐

ლანჩი

午餐

ვახშამი

晚餐

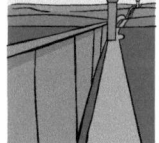

ბილეთი

票

ლიფტი

电梯

საფოსტო მარკა

邮票

საზღვარი

边界

საბაჟო

海关

საელჩო

大使馆

ვიზა

签证

პასპორტი

护照

ტრანსპორტი
交通运输

თვითმფრინავი
飞机
გემი
船
სახანძრო მანქანა
消防车
ავტობუსი
სატვირთო მანქანა
卡车
ოტორიზებული ნავი
ველოსიპედი
自行车
მანქანა
汽车

ბორანი

摆渡船

ნავი

小船

მოტოციკლი

摩托车

პოლიციის მანქანა

警车

სარბოლო მანქანა

赛车

დაქირავებული მანქანა

租车

მანქანის ერთობლივი
მოხმარება
拼车

საბუქსირე მანქანა
拖车

ნაგვის მანქანა
垃圾车

ძრავა
发动机

საწვავი
汽油

ბენზინგასამართი სადგური
加油站

საგზაო ნიშანი
交通标志

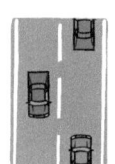

მოძრაობა
交通

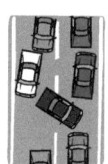

საცობი
交通堵塞

მანქანის სადგომი
停车场

მატარებლის სადგური
火车站

ლიანდაგები
轨道

მატარებელი
火车

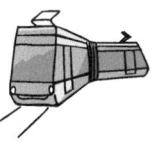

ტრამვაი
电车

ვაგონი
货车

ვერტმფრენი

直升机

აეროპორტი

机场

კოშკი

塔

მგზავრი

乘客

კონტეინერი

集装箱

მუყაოს ყუთი

纸板箱

ურიკა

手推车

კალათა

篮子

აფრენა / დაშვება

起飞/降落

ქალაქი
城市

სოფელი

村庄

ქალაქის ცენტრი

市中心

სახლი

房子

CINEMA
კინოთეატრი
电影院
რეკლამა
广告
ქუჩის ლამპიონი
路灯
ქუჩა
街道
ტაქსი
出租车
სავაჭრო ჯიხური
小吃店
ქვეითი
行人
ტროტუარი
人行道
ჯვარედინი
十字路口
ქვეითების გადასასვლელი
斑马线
ნაგვის ურნა
垃圾箱
შუქნიშანი
红绿灯

ქოხი

小屋

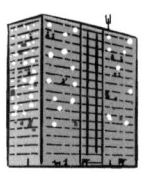

ბინა

公寓

მატარებლის სადგური

火车站

მუნიციპალიტეტი

市政厅

მუზეუმი

博物馆

სკოლა

学校

უნივერსიტეტი

大学

ბანკი

银行

საავადმყოფო

医院

სასტუმრო

酒店

აფთიაქი

药房

ოფისი

办公室

წიგნების მაღაზია

书店

მაღაზია

商店

ფლორისტი

花店

სუპერმარკეტი

超市

ბაზარი

市场

მაღაზიის განყოფილება

百货商店

თევზის გამყიდველი

鱼店

სავაჭრო ცენტრი

购物中心

ნავსადგომი

海港

პარკი

公园

გრძელი სკამი

长凳

ხიდი

桥

კიბეები

楼梯

მიწისქვეშა გადასასვლელი

地铁

გვირაბი

隧道

ავტობუსის გაჩერება

公交车站

ბარი

酒吧

რესტორანი

餐馆

საფოსტო ყუთი

邮筒

ქუჩის ნიშანი

路标

პარკინგის საზომი

停车计时器

ზოოპარკი

动物园

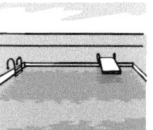

საცურაო აუზი

游泳馆

მეჩეთი

清真寺

ფერმა

农场

გარემოს დაბინძურება

污染

სასაფლაო

墓地

ეკლესია

教堂

საბავშვო მოედანი

操场

ტაძარი

寺庙

ლანდშაფტი

地形

ფოთოლი
树叶
გზის მანიშნებელი ნიშანი
指示牌
გზა
路
მდელო
草地
ქვა
石头
ხე
树
მოგზაური
徒步旅行者
მდინარე
河
ბალახი
草
ყვავილი
花

ხეობა

峡谷

გორაკი

山

ტბა

湖

ტყე

森林

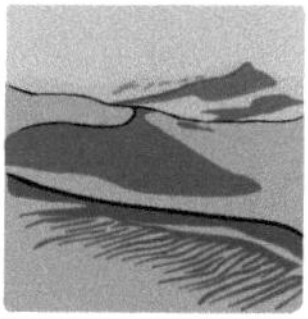

უდაბნო

沙漠

ვულკანი

火山

ციხე

城堡

ცისარტყელა

彩虹

სოკო

蘑菇

პალმა

棕榈树

კოღო

蚊子

ბუზი

苍蝇

ჭიანჭველა

蚂蚁

ფუტკარი

蜜蜂

ობობა

蜘蛛

ხოჭო

甲虫

ბაყაყი

青蛙

ციყვი

松鼠

ზღარბი

刺猬

კურდღელი

野兔

ბუ

猫头鹰

ფრინველი

鸟

გედი

天鹅

ტახი

野猪

ირემი

鹿

ცხენ-ირემი

麋鹿

კაშხალი

水坝

ქარის ტურბინა

风力发电机

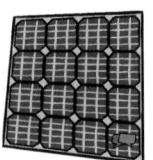

მზის ბატარეა

太阳能电池板

კლიმატი

气候

რესტორანი
餐馆

მიმტანი
服务员
მენიუ
菜单
სკამი
椅子
სუპი
汤
პიცა
披萨饼
მაგიდაზე გადასაფარებელი
桌布
დანა-ჩანგალი

საუზმე
前菜

მთავარი კერძი
主菜

დესერტი
甜点

დასალევი
饮料

საჭმელი
食物

ბოთლი
瓶子

სწრაფი კვება

快餐

ქუჩის საჭმელი

街边小吃

ჩაიდანი

茶壶

საშაქრე

糖盒

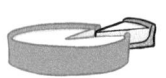

პორცია

一份饭菜

ესპრესოს მანქანა

意式咖啡机

მაღალი სკამი

高脚椅

ანგარიში

账单

ლანგარი

托盘

დანა

刀

ჩანგალი

餐叉

კოვზი

勺子

ჩაის კოვზი

茶匙

ხელსახოცი

餐巾

ჭიქა

玻璃杯

თეფში

碟子

სუპის თეფში

汤盘

ჩაის ლამბაქი

碟子

საწებელი

酱

სამარილე

盐瓶

წიწაკის საფქვავი

胡椒磨

ძმარი

醋

ზეთი

食用油

სანელებლები

调味料

კეტჩუპი

番茄酱

მდოგვი

芥末

მაიონეზი

蛋黄酱

სუპერმარკეტი
超市

სპეციალური შეთავაზება
特价
FOR
მომხმარებელი
顾客
რძის ნაწარმი
乳制品
ხილი
水果
ურიკა
购物车

საყასბო

肉铺

საცხობი

面包房

აწონვა

称重

ბოსტნეული

蔬菜

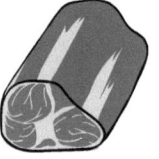

ხორცი

肉

გაყინული საკვები

冷冻食品

გრილი ხორცი

冷盘

კონსერვები

罐头食品

სარეცხი ფხვნილი

洗衣粉

ტკბილეული

甜食

საყოფაცხოვრებო პროდუქტები

日用品

სარეცხი საშუალებები

清洁用品

გამყიდველი

销售员

სალარო

收银机

მოლარე

收银员

საყიდლების სია

购物清单

მუშაობის საათები

开放时间

პორტმანი

钱包

საკრედიტო ბარათი

信用卡

ჩანთა

袋子

პლასტიკური პარკი

塑料袋

დასალევი
饮料

წყალი

水

წვენი

果汁

რძე

牛奶

კოკა-კოლა

可乐

ღვინო

红酒

ლუდი

啤酒

ალკოჰოლი

酒

კაკაო

可可

ჩაი

茶

ყავა

咖啡

ესპრესო

意式浓缩咖啡

კაპუჩინო

卡布奇诺

საჭმელი
食物

ბანანი

香蕉

ვაშლი

苹果

ფორთოხალი

橙子

საზამთრო

西瓜

ლიმონი

柠檬

სტაფილო

胡萝卜

ნიორი

大蒜

ბამბუკი

竹子

ხახვი

洋葱

სოკო

蘑菇

კაკალი

坚果

ატრია

面条

სპაგეტი

意大利面条

ბრინჯი

米饭

სალათი

沙拉

ჩიპსები

薯条

შემწვარი კარტოფილი

炸土豆

პიცა

披萨饼

ჰამბურგერი

汉堡包

სენდვიჩი

三明治

კოტლეტი

炸猪排

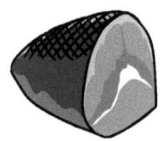

ლორი

火腿

სალიამი

萨拉米

ძეხვი

香肠

წიწილა

鸡肉

შემწვარი ხორცი

烤肉

თევზი

鱼

შვრიის ფაფა

燕麦片

მუსლი

穆兹利

სიმინდის ფანტელები

玉米片

ფქვილი

面粉

კრუასანი

羊角面包

ბულკი

面包卷

პური

面包

ტოსტი

烤面包

ნამცხვრები

饼干

კარაქი

黄油

ხაჭო

凝乳

ტორტი

蛋糕

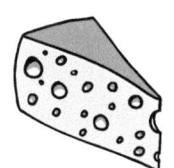

კვერცხი

蛋

ერბო-კვერცხი

煎蛋

ყველი

奶酪

ნაყინი

冰激凌

შაქარი

糖

თაფლი

蜂蜜

ჯემი

果酱

შოკოლადის კრემი

巧克力酱

კარი

咖喱饭

ფერმა
农场

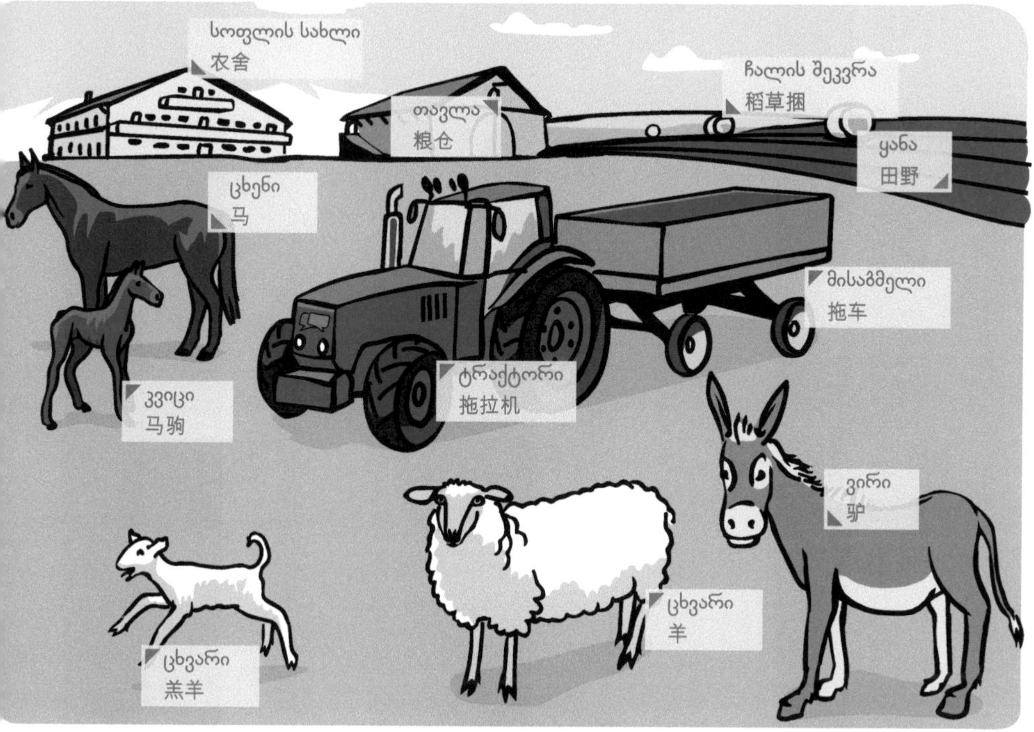
სოფლის სახლი
农舍
თავლა
粮仓
ჩალის შეკვრა
稻草捆
ყანა
田野
ცხენი
马
მისაბმელი
拖车
ტრაქტორი
拖拉机
კვიცი
马驹
ვირი
驴
ცხვარი
羊
ცხვარი
羔羊

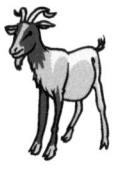

თხა
山羊

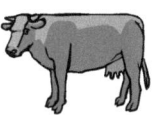

ძროხა
奶牛

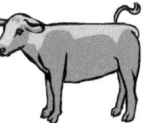

ხბო
牛犊

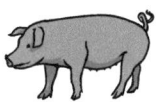

ღორი
猪

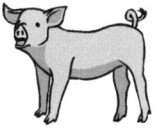

გოჭი
小猪

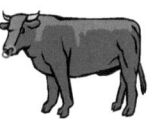

ხარი
公牛

ბატი

鹅

იხვი

鸭

წიწილა

小鸡

ქათამი

母鸡

მამალი

公鸡

ვირთხა

鼠

კატა

猫

თაგვი

老鼠

ხარი

牛

ძაღლი

狗

საძაღლე

狗屋

ბაღის შლანგი

花园浇水软管

საბაღე წურწურა

洒水壶

ცელი

长柄大镰刀

გუთანი

犁

ნამგალი

镰刀

თოხი

锄头

პატივის სახვეტი ჩანგალი

长柄草耙

ცული

斧头

მაზიდი

独轮手推车

გობი

饲料槽

რძის ბიდონი

牛奶罐

ტომარა

麻布袋

ღობე

栅栏

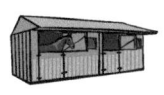

ბოსელი

马厩

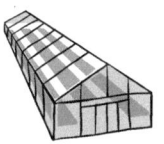

სათბური

温室

ნიადაგი

土壤

თესლი

种子

სასუქი

肥料

მოსავლის ამღები კომბაინი

联合收割机

მოსავლის აღება

收割

მოსავალი

收割

იამი

山药

ხორბალი

小麦

სოიო

大豆

კარტოფილი

土豆

სიმინდი

玉米

სარევ ელას თესლი

油菜籽

ხეხილი

果树

მანიოკი

树薯

მარცვლეული

谷物

თ ფერმა - 农场

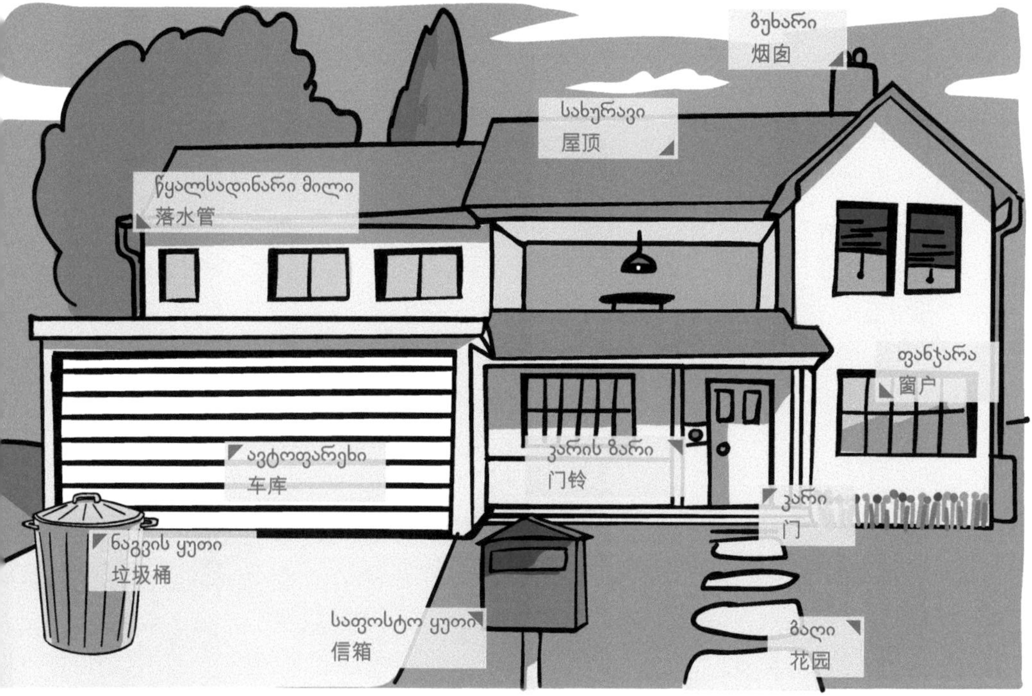

ბუხარი
烟囱
სახურავი
屋顶
წყალსადინარი მილი
落水管
ფანჯარა
窗户
ავტოფარეხი
车库
კარის ზარი
门铃
კარი
门
ნაგვის ყუთი
垃圾桶
საფოსტო ყუთი
信箱
ბაღი
花园

მისაღები ოთახი

客厅

აბაზანა

浴室

სამზარეულო

厨房

საძინებელი

卧室

საბავშვო ოთახი

儿童房

სასადილო ოთახი

餐厅

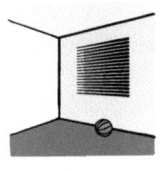

სართული

地板

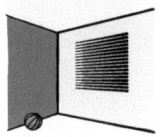

კედელი

墙壁

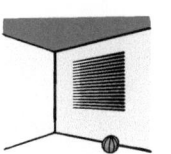

ჭერი

吊顶

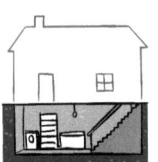

სარდაფი

地窖

საუნა

桑拿

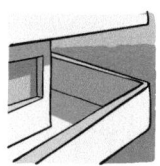

აივანი

阳台

ტერასა

露台

აუზი

游泳池

გაზონის საკრეჭი

割草机

საბნის კონვერტი

被单

საწოლი

床罩

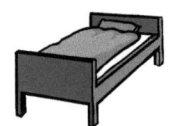

ლოგინი

床

ცოცხი

扫帚

სათლი

水桶

გადამრთველი

开关

მისაღები ოთახი
客厅

შპალერი
壁纸
ნახატი
照片
ნათურა
台灯
თარო
搁架
კარადა
橱柜
ტელევიზორი
电视机
ბუხარი
壁炉
ყვავილი
花
ბალიში
垫子
დივანი
沙发
花瓶
დისტანციური მართვა
遥控器

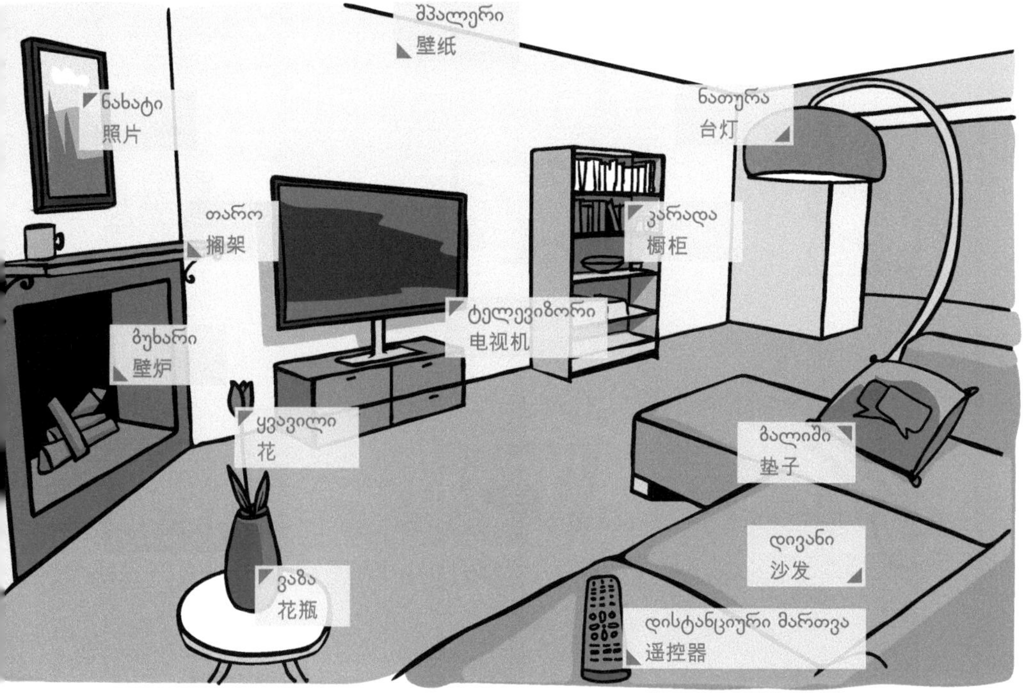

ხალიჩა
地毯

ფარდა
窗帘

მაგიდა
餐桌

სკამი
椅子

სარწეველა სკამი
摇椅

სავარძელი
扶手椅

წიგნი

书

საბანი

毯子

დეკორაცია

装饰品

შეშა

木柴

ფილმი

电影

hi-fi მოწყობილობები

高保真音响

გასაღები

钥匙

გაზეთი

报纸

ფერწერა

油画

პლაკატი

海报

რადიო

收音机

ბლოკნოტი

笔记本

მტვერსასრუტი

吸尘器

კაქტუსი

仙人掌

სანთელი

蜡烛

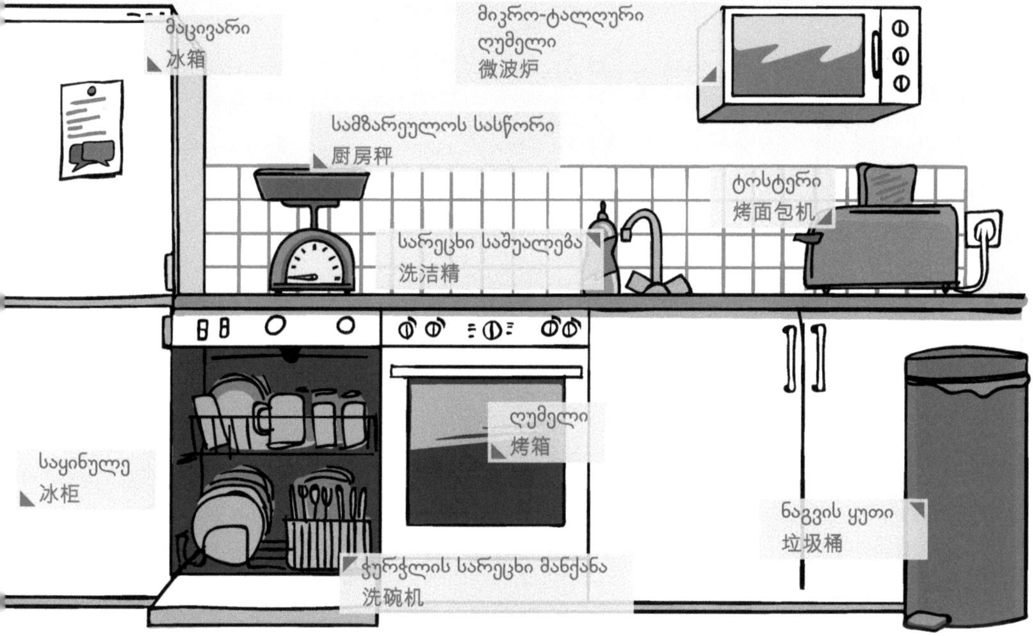

მაცივარი
冰箱
მიკრო-ტალღური
ღუმელი
微波炉
სამზარეულოს სასწორი
厨房秤
ტოსტერი
烤面包机
სარეცხი საშუალება
洗洁精
ღუმელი
烤箱
საყინულე
冰柜
ნაგვის ყუთი
垃圾桶
ჭურჭლის სარეცხი მანქანა
洗碗机

გაზქურა
炊具

ქოთანი
锅

თუჯის ქვაბი
铸铁锅

ტაფა ამობერილი ფსკერით
炒锅

ტაფა
平底锅

ჩაიდანი
水壶

სამზარეულო - 厨房 35

ორთქლსახარში

蒸锅

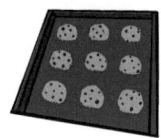

საცხობი ლანგარი

烤盘

ჭურჭელი

陶瓷锅

კათხა

马克杯

თასი

碗

ჩინური ჩხირები

筷子

ჩამჩა

长柄勺

ფითხი

铲子

სათქვეფელა

搅拌器

საწური

滤网

საცერი

筛子

სახეხი

磨碎机

სანაყი

研钵

გრილი

烧烤

კოცონი

明火

დაფა

菜板

საგორავი

擀面杖

ბურღი

开瓶器

ქილა

罐子

ქილის გასახსნელი

开罐器

ქოთნის დამჭერი

隔热手套

ნიჟარა

水槽

ფუნჯი

刷子

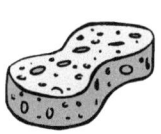

ღრუბელი

海绵

ბლენდერი

搅拌机

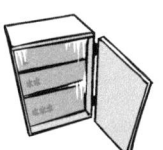

საყინულე კამერა

冷藏箱

საბავშვო ბოთლი

奶瓶

ონკანი

水龙头

აბაზანა

浴室

გათბობა
供暖设备
შხაპი
პირსახოცი
毛巾
საშხაპე ფარდა
浴帘
ღრუბლიანი აბანო
泡沫浴
ვანა
浴缸
玻璃杯
სარეცხი მანქანა
洗衣机
ონკანი
水龙头
ფილები
瓷砖
ღამის ქოთანი
便壶
ნიჟარა
水槽

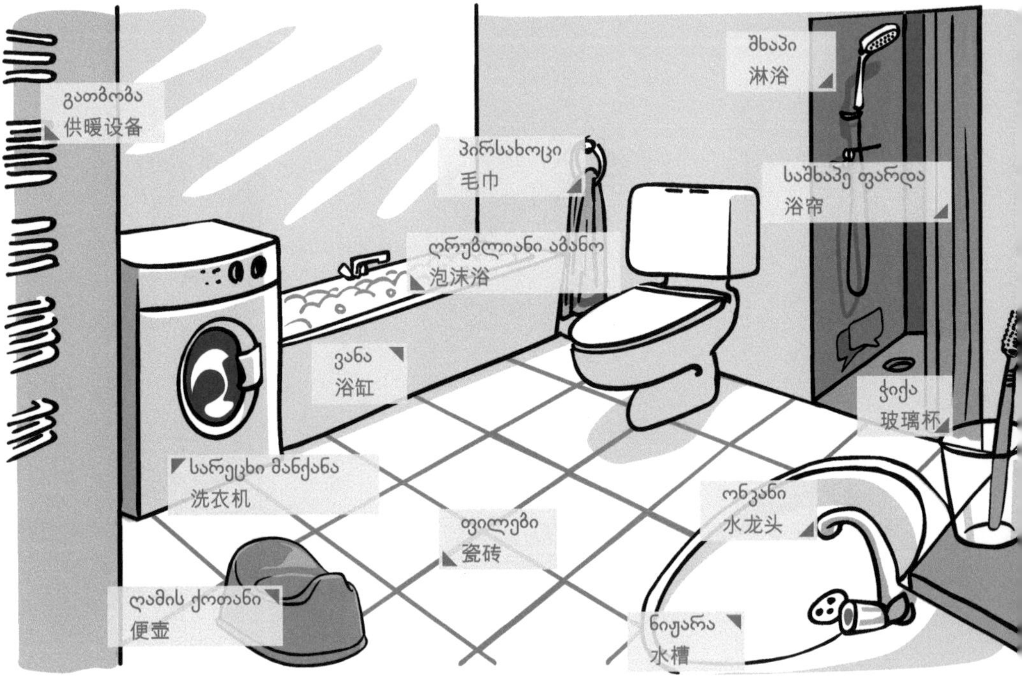

ტუალეტი

厕所

იატაკის ტუალეტი

蹲便器

ბიდე

坐浴器

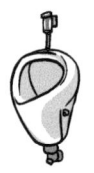

კედლის პისუარი

小便池

ტუალეტის ქაღალდი

厕纸

ტუალეტის ჯაგრისი

马桶刷

კბილის ჯაგრისი

牙刷

კბილის პასტა

牙膏

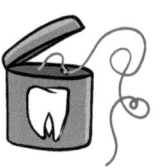

კბილის ძაფი

牙线

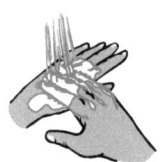

რეცხვა

洗

ხელის შხაპი

手持式喷淋头

ინტიმური შხაპი

冲洗器

ტაშტი

洗脸盆

ზურგის სახეხი ფუნჯი

擦背刷

საპონი

肥皂

შხაპის გელი

沐浴露

შამპუნი

洗发水

ნეჭა

法兰绒

სანიაღვრე

排水

კრემი

乳霜

დეოდორანტი

除臭剂

სარკე

镜子

ხელის სარკე

手镜

გრიტვა

剃须刀

საპარსი ქაფი

剃须泡沫

საშუალება გაპარსვის შემდეგ

须后水

სავარცხელი

梳子

ჯაგრისი

刷子

თმის საშრობი

吹风机

თმის ლაქი

喷发定型剂

კოსმეტიკა

化妆品

ტუჩების პომადა

唇膏

ფრჩხილის ლაქი

指甲油

ბამბა

化妆棉

ფრჩხილის მაკრატელი

指甲剪

სუნამო

香水

კოსმეტიკის ჩანთა

洗漱包

ტაბურეტი

凳子

სასწორი

计重秤

სააბაზანო ხალათი

浴袍

რეზინის ხელთათმანები

橡胶手套

ტამპონი

卫生棉条

სანიტარული პირსახოცი

卫生巾

ბიო-ტუალეტი

化学厕所

საბავშვო ოთახი

儿童房

მაღვიძარა
闹钟
რბილი სათამაშო
毛绒玩具
სათამაშო მანქანა
玩具车
ჩხარუნა სათამაშო
拨浪鼓
თოჯინების სახლი
玩具屋
საჩუქარი
礼物

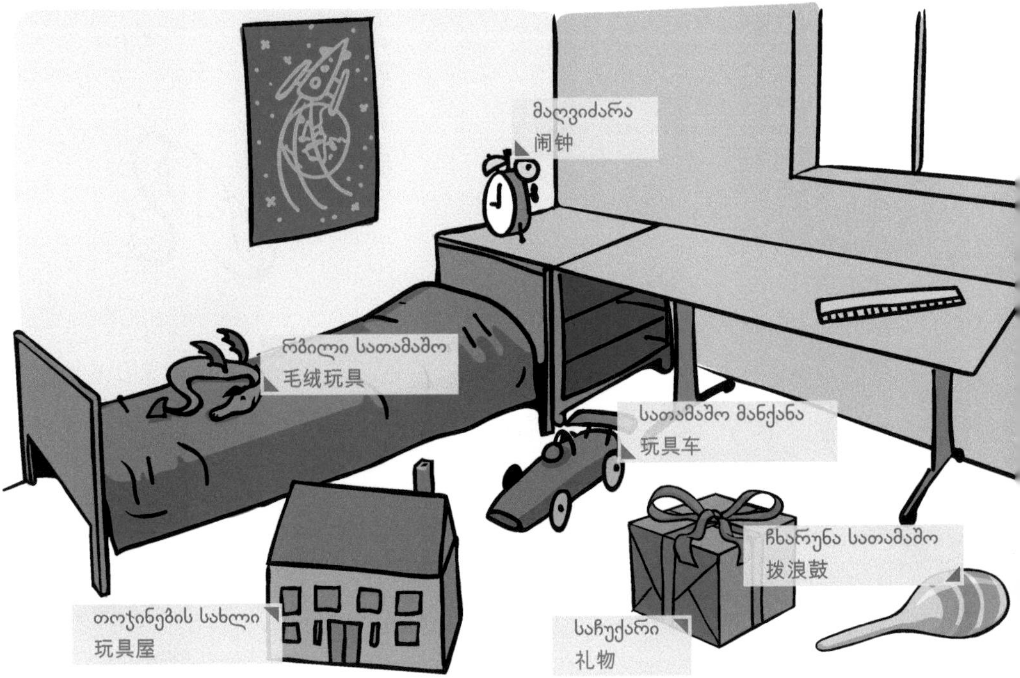

ბუშტი

气球

ლოგინი

床

საბავშვო ეტლი

（洋娃娃用）婴儿车

კარტის თამაში

扑克牌

პაზლი

拼图

კომიკსი

漫画

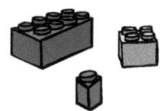

ლეგოს აგურები

乐高积木

ასაშენებელი კუბიკები

积木玩具

სათამაშო ფიგურა

玩具人

საცოცავი

婴儿服

ფრისბი

飞盘

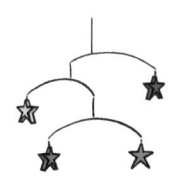

მობილე

床铃玩具

სამაგიდო თამაში

棋盘游戏

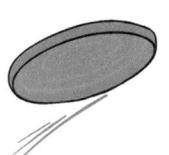

კამათელი

骰子

რკინიგზის მოდელი

火车模型

საწოვარა

安抚奶嘴

წვეულება

聚会

წიგნი ნახატებით

绘本

ბურთი

球

თოჯინა

洋娃娃

თამაში

玩

საქვიშარი

沙坑

საქანელა

秋千

სათამაშოები

玩具

ვიდეო თამაშის კონსოლი

游戏机

სამთვლიანი ველოსიპედი

三轮车

დათუნია

泰迪熊

გარდერობი

衣柜

ტანსაცმელი
衣服

წინდები

袜子

ჩულქები

长袜

კოლგოტები

紧身裤

შარფი
围巾

ქოლგა
雨伞

მკლავებიანი მაისური
T恤

ქამარი
皮带

ფეხსაცმელი
靴子

ჩუსტები
拖鞋

ბოტასები
运动鞋

სანდლები
凉鞋

ფეხსაცმელი
鞋

რეზინის ჩექმები
雨靴

ტრუსები
内裤

ბიუსჰალტერი
胸罩

მაისური
背心

სხეული

身体

შარვალი

裤子

ჯინსი

牛仔裤

ქვედაკაბა

短裙

ბლუზი

女式衬衫

პერანგი

衬衫

სვიტრი

套头衫

კაპიუშონიანი ჟაკეტი

卫衣

სპორტული ქურთუკი

西装夹克

ჟაკეტი

夹克

პალტო

外套

საწვიმარი

雨衣

კოსტუმი

套装

კაბა

连衣裙

საქორწილო კაბა

婚纱

კაცის კოსტიუმი

西装

ღამის პერანგი

睡袍

პიჟამოები

睡衣

სარი

莎丽

თავშალი

头巾

ტურბანი

包头巾

ჩადრი

波卡

ხიფთანი

卡夫坦

აბაია

(阿拉伯式)长袍长袍

საცურაო კოსტუმი

泳衣

ჩემოდნები

男式泳裤

შორტები

短裤

სპორტული კოსტიუმი

运动服

წინსაფარი

围裙

ხელთათმანები

手套

ღილი

纽扣

სათვალეები

眼镜

სამაჯური

手链

ყელსაბამი

项链

ბეჭედი

戒指

საყურე

耳环

კეპი

便帽

საკიდი

衣架

ქუდი

帽子

ჰალსტუხი

领带

ელვა-შესაკრავის შეკვრა

拉链

ჩაფხუტი

头盔

აჭიმი

背带

სკოლის ფორმა

校服

ფორმა

制服

გავშვის წინსაფარი

围兜

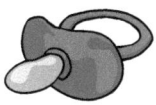

საწოვარა

安抚奶嘴

პამპერსი

尿不湿

ოფისი

办公室

სერვერი
服务器
საკანცელარიო კარადა
文件柜
პრინტერი
打印机
ქაღალდი
纸
მონიტორი
显示屏
თაგვი
鼠标
მაგიდა
საქაღალდე
文件夹
კლავიატურა
键盘
ათა ნარჩენი ქაღალდებისათვის
筐
椅子
კომპიუტერი
电脑

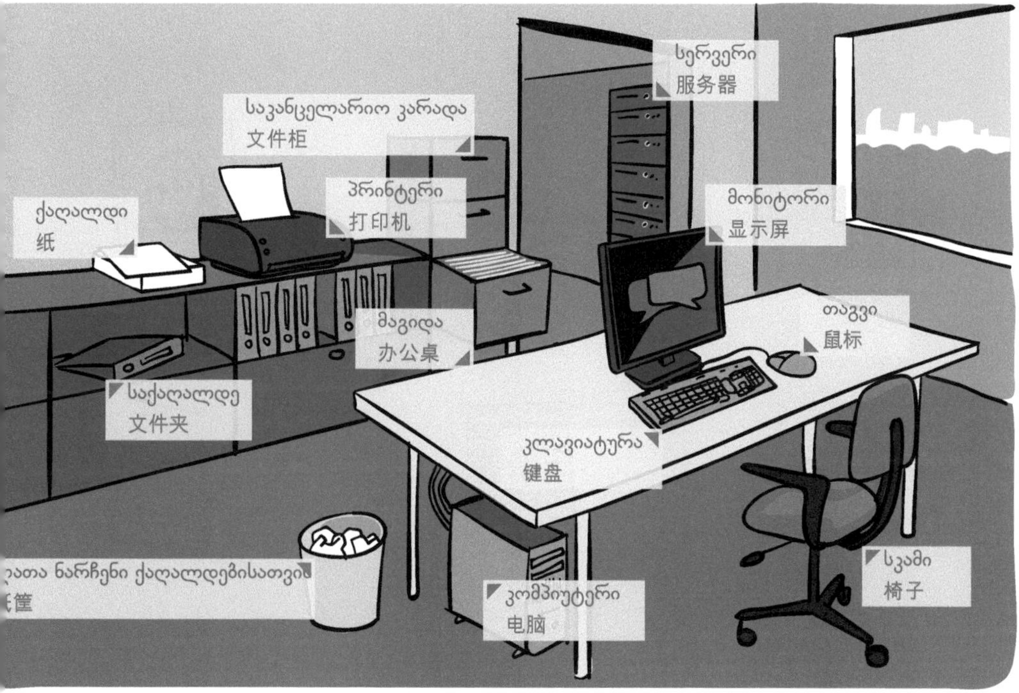

ყავის ფინჯანი

咖啡杯

კალკულატორი

计算器

ინტერნეტი

因特网

ლეპტოპი

笔记本电脑

წერილი

信件

მესიჯი

消息

მობილური ტელეფონი

手机

ქსელი

网络

სკანერი

复印机

პროგრამული უზრუნველყოფა

软件

ტელეფონი

电话

როზეტი

插座

ფაქსის მანქანა

传真机

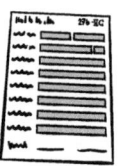

ფორმულარი

表格

დოკუმენტი

文件

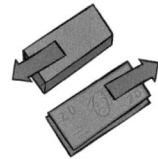

ყიდვა
买

გადახდა
付钱

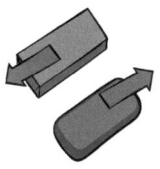

ვაჭრობა
交易

ფული
现金

USD

დოლარი
美元

EUR

ევრო
欧元

JPY

იენი
日元

RUB

რუბლი
卢布

CHF

შვეიცარული ფრანკი
瑞士法郎

ჟენმინბი იუანი
人民币

INR

რუპი
卢比

ბანკომატი
提款处

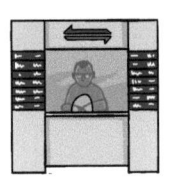

ვალუტის გადაცვლის პუნქტი
外币兑换处

ოქრო
金

ვერცხლი
银

ნავთობი
石油

ენერგია
能源

ფასი
价格

ხელშეკრულება
合同

გადასახადი
税金

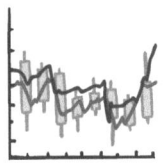

აქცია
股票

მუშაობა
工作

თანამშრომელი
职员

დამსაქმებელი
老板

ქარხანა
工厂

მაღაზია
商店

პროფესიები
职业

პოლიციის ოფიცერი
警官
მეხანძრე
消防员
მზარეული
厨师
ექიმი
医生
მფრინავი
飞行员

მებაღე

园丁

დურგალი

木匠

თეთრეულის მკერავი
ქალბატონი

裁缝

მოსამართლე

法官

ქიმიკოსი

化学家

მსახიობი

演员

ავტობუსის მძღოლი

公交车司机

ტაქსის მძღოლი

出租车司机

მეთევზე

渔夫

დამლაგებელი ქალბატონი

清洁女工

სახურავის ოსტატი

屋顶工

მიმტანი

服务员

მონადირე

猎人

ფერმწერი

画家

მცხობელი

面包师

ელექტრიკოსი

电工

მშენებელი

建筑工人

ინჟინერი

工程师

ყასაბი

屠夫

სანტექნიკოსი

水管工

ფოსტალიონი

邮递员

ჯარისკაცი

士兵

არქიტექტორი

建筑师

მოლარე

收银员

ფლორისტი

花农

პარიკმახერი

理发师

კონდუქტორი

售票员

მექანიკოსი

机械师

კაპიტანი

船长

სტომატოლოგი

牙医

მეცნიერი

科学家

რაბინი

拉比

იმამი

伊玛目

ბერი

和尚

სასულიერო პირი

牧师

იარაღები

工具

ჩაქუჩი
铁锤
ბრტყელტუჩა
钳子
სახრახნისი
螺丝刀
ქანჩის გასაღები
扳手
ჯიბის სანათი
手电筒

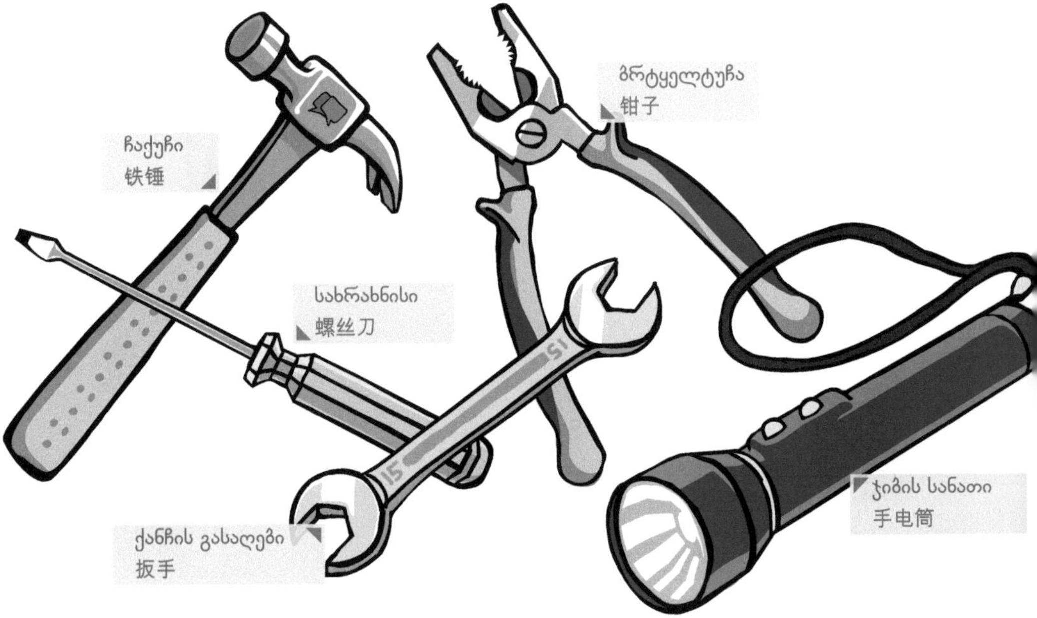

ექსკავატორი

挖掘机

იარაღების ყუთი

工具箱

კიბე

梯子

ხერხი

锯子

ლურსმები

钉子

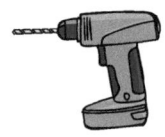

საბურღი

钻机

შეკეთება

修

ნიჩაბი

铲子

ანდაბა!

靠！

აქანდაზი

簸箕

საღებავის ქოთანი

油漆桶

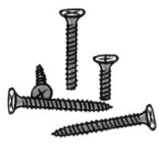

ხრახნები

螺丝

მუსიკალური ინსტრუმენტები

乐器

რეპროდუქტორი
扬声器
დასარტყამი ინსტრუმენტების კრებული
打击乐器
გიტარა
吉他
კონტრაბასი
低音提琴
საყვირი
小号

ფორტეპიანო

钢琴

ვიოლინო

小提琴

ბასი

贝斯

ტიმპანონი

定音鼓

დასარტყამები

鼓

კლავიშები

电子琴

საქსოფონი

萨克斯管

ფლეიტა

长笛

მიკროფონი

麦克风

ზოოპარკი

动物园

შესასვლელი
入口
ვეფხვი
老虎
გალია
笼子
ზებრა
斑马
ცხოველთა საკვები
პანდა
熊猫

ცხოველები

动物

სპილო

大象

კენგურუ

袋鼠

მარტორქა

犀牛

გორილა

大猩猩

დათვი

熊

აქლემი

骆驼

სირაქლემა

鸵鸟

ლომი

狮子

მაიმუნი

猴子

ფლამინგო

火烈鸟

თუთიყუში

鹦鹉

პოლარული დათვი

北极熊

პინგვინი

企鹅

ზვიგენი

鲨鱼

ფარშევანგი

孔雀

გველი

蛇

ნიანგი

鳄鱼

ზოოპარკის მფლობელი

动物园管理员

სელაპი

海豹

იაგუარი

美洲豹

პონი

矮种马

ლეოპარდი

豹

ბეჰემოტი

河马

ჟირაფი

长颈鹿

არწივი

老鹰

ტახი

野猪

თევზი

鱼

კუ

龟

მორჟი

海象

მელა

狐狸

გაზელი

羚羊

სპორტი
体育

ამერიკული ფეხბურთი
橄榄球
ველოსპორტი
骑自行车
ჩოგბურთი
网球
კალათბურთი
篮球
ცურვა
游泳
ყინულის ჰოკეი
冰球
კრივი
拳击

ფეხბურთი
英式足球

ბადმინტონი
羽毛球

მძლეოსნობა
田径

ხელბურთი
手球

სათხილამურო სპორტი
滑雪

წყლის პოლო
马球

62 სპორტი - 体育

გადახტომა
跳
ჩახუტება
拥抱
დაცინვა
笑
სეირნობა
走路
სიმღერა
唱
ოცნებობა
做梦
ლოცვა
祈祷
კოცნა
亲吻

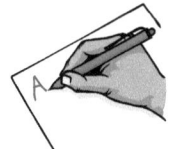

წერა

书写

დახატვა

画

ჩვენება

展示

დაჭერა

推

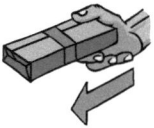

მიცემა

给

აღება

拿

ქონა

有

კეთება

做

ყოფნა

当

დგომა

站

გარბენა

跑

მოქაჩვა

拉

გადაყრა

扔

დაცემა

摔倒

ტყუილის თქმა

躺

მოცდენა

等待

ტარება

携带

ჯდომა

坐

ჩაცმა

穿衣

ძილი

睡觉

გაღვიძება

醒来

დათვალიერება

看

ტირილი

哭

გაუთოება

抚摸

დავარცხნა

梳头

ლაპარაკი

交谈

გაგება

明白

შეკითხვა

问

მოსმენა

听

დალევა

喝

ჭამა

吃

დალაგება

清理

ყვარება

爱

კერძების მზადება

做饭

სვლა

开车

ფრენა

飞

აფრის ქვეშ სიარული

航行

გამოთვლა

计算

წაკითხვა

读

შესწავლა

学习

მუშაობა

工作

ქორწინება

结婚

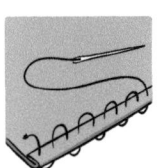

კერვა

缝

კბილების ხეხვა

刷牙

მოკვლა

杀

მოწევა

抽烟

გაგზავნა

寄

ოჯახი
家

ბებია
祖母
ბაბუა
祖父
მამა
父亲
დედა
母亲
ბავშვი
婴童
ქალიშვილი
女儿
ვაჟიშვილი
儿子

სტუმარი
客人

დეიდა
阿姨

ბიძა
叔叔

ძმა
兄弟

და
姐妹

სხეული

身体

შუბლი
前额
თვალი
眼睛
მხარი
肩膀
თითი
手指
სახე
脸
ნიკაპი
下巴
ხელი
手
ფეხი
腿
მკერდი
乳房
მკლავი
手臂

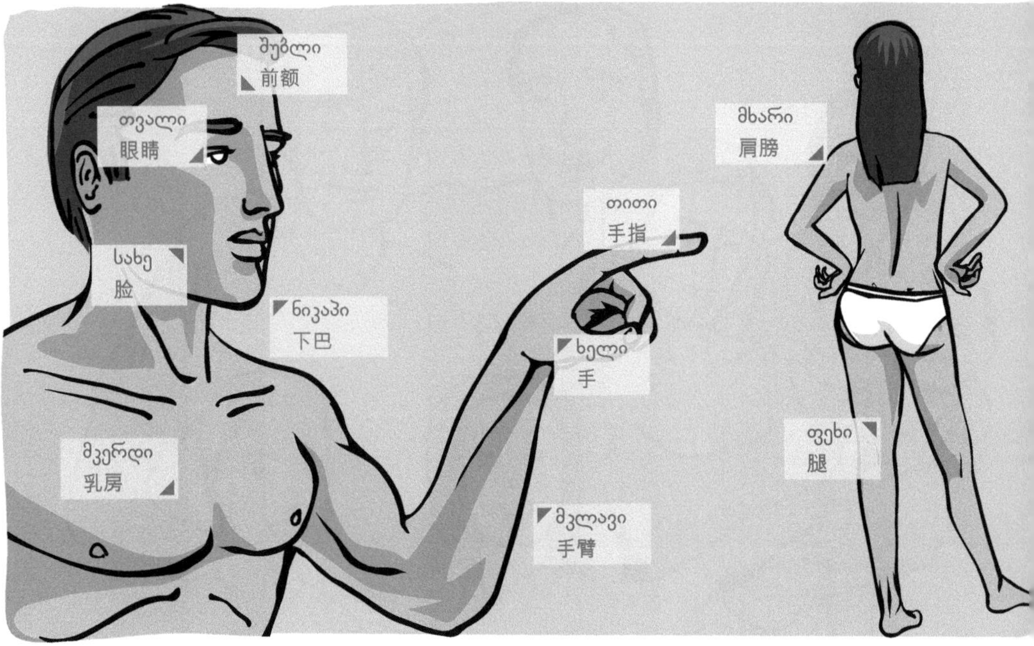

ბავშვი

婴童

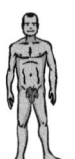

კაცი

男人

ქალი

女人

გოგო

女孩

ბიჭი

男孩

თავი

头

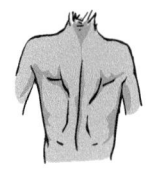

ზურგი

背部

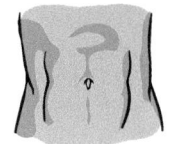

მუცელი

肚子

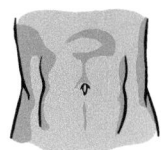

ჭიპი

肚脐

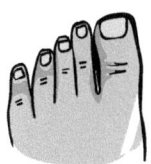

ფეხის თითი

脚趾

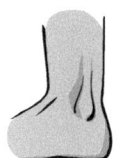

ქუსლი

脚后跟

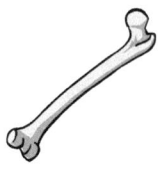

ძვალი

骨头

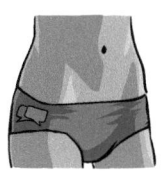

ბარძაყი

臀部

მუხლი

膝盖

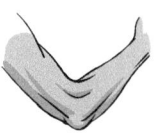

იდაყვი

手肘

ცხვირი

鼻子

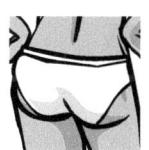

დუნდულა

屁股

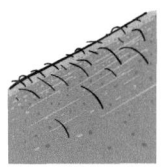

კანი

皮肤

ლოყა

脸颊

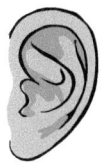

ყური

耳朵

ტუჩი

嘴唇

პირი

嘴

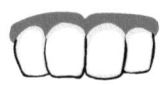

კბილი

牙齿

ენა

舌头

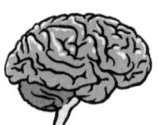

ტვინი

脑

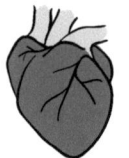

გული

心脏

კუნთი

肌肉

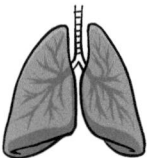

ფილტვი

肺

ღვიძლი

肝脏

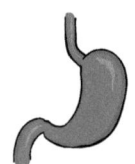

კუჭი

胃

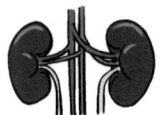

თირკმელები

肾脏

სექსი

性交

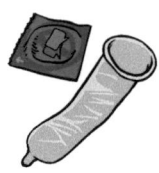

პრეზერვატივი

避孕套

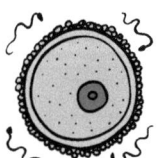

კვერცხუჯრედი

卵子

სპერმა

精子

ორსულობა

怀孕

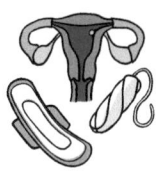

მენსტრუაცია

月经

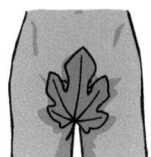

საშო

阴道

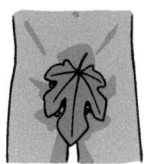

პენისი

阴茎

წარბი

眉毛

თმა

头发

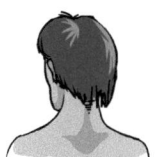

კისერი

脖子

საავადმყოფო

医院

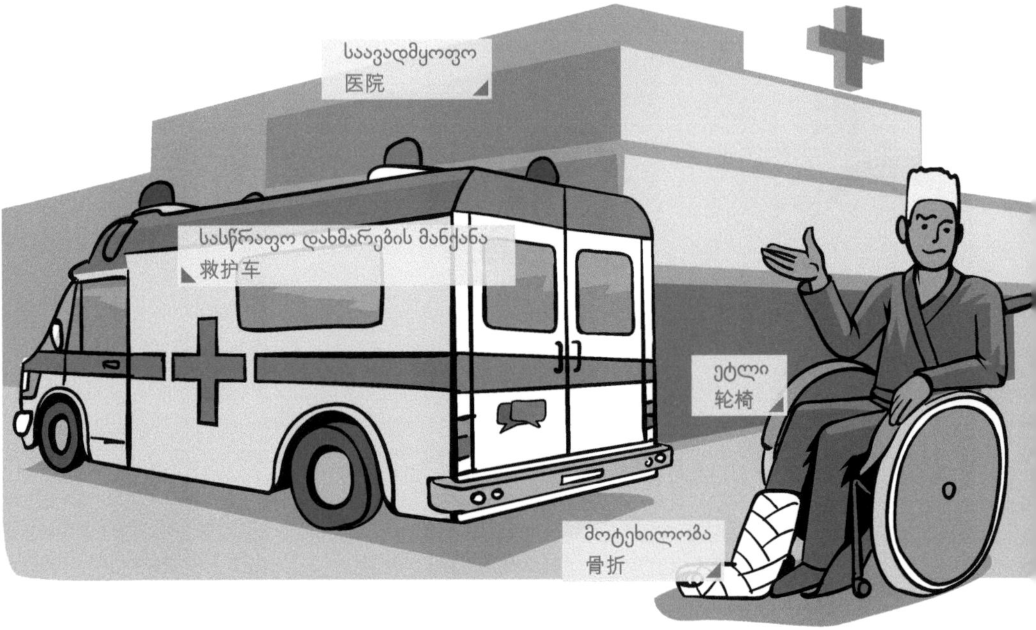

საავადმყოფო
医院
სასწრაფო დახმარების მანქანა
救护车
ეტლი
轮椅
მოტეხილობა
骨折

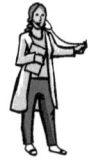

ექიმი

医生

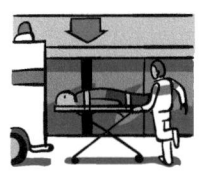

პირველი დახმარების ოთახი

急诊室

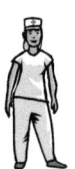

მედდა

护士

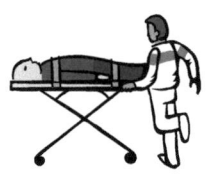

გადაუდებელი შემთხვევა

紧急情况

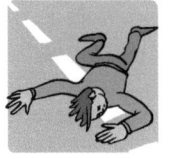

უგონოდ მყოფი

昏迷

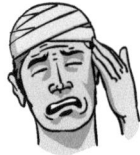

ტკივილი

痛

დაზიანება

受伤

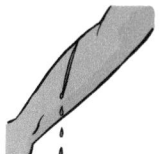

სისხლდენა

出血

გულის შეტევა

心脏病发作

ინსულტი

中风

ალერგია

过敏

ხველა

咳嗽

ცხელება

发烧

გრიპი

流感

დიარეა

腹泻

თავის ტკივილი

头痛

კიბო

癌症

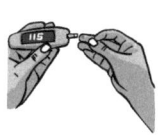

დიაბეტი

糖尿病

ქირურგი

外科医生

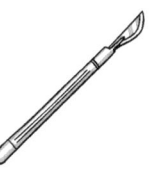

სკალპელი

手术刀

ოპერაცია

手术

კტ

CT

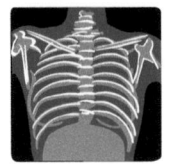

რენტგენი

X光

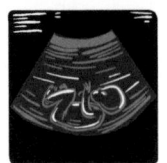

ულტრაბგერა

超声波

ნიღაბი

口罩

დაავადება

疾病

მოსაცდელი ოთახი

候诊室

ყავარჯენი

拐杖

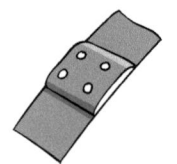

თაბაშირი

石膏

ბინტი

绷带

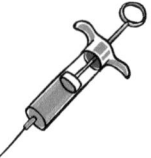

ინექცია

注射

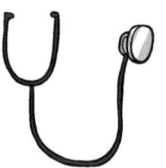

სტეტოსკოპი

听诊器

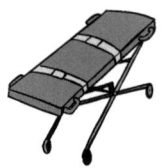

საკაცე

担架

თერმომეტრი

体温计

დაბადება

出生

ჭარბი წონა

超重

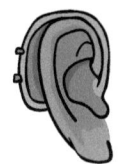

სმენის აპარატი

助听器

სადეზინფექციო საშუალება

消毒液

ინფექცია

感染

ვირუსი

病毒

აივ / შიდსი

艾滋病

წამალი

药物

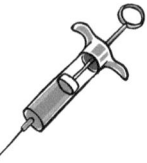

ვაქცინაცია

接种疫苗

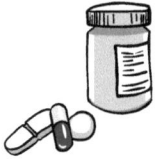

ტაბლეტები

药片

აბი

药丸

გადაუდებელი გამოძახება

急救电话

წნევის საზომი აპარატი

血压计

ავადმყოფი / ჯანმრთელი

生病/健康

გადაუდებელი შემთხვევა
紧急情况

დამეხმარეთ!

救命！

განგაში

警报

თავდასხმა

突击

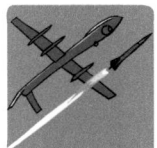

შეტევა

攻击

საფრთხე

危险

სათადარიგო გასასვლელი

紧急出口

ხანძარი!

着火啦！

ცეცხლსაქრობი

灭火器

უბედური შემთხვევა

意外

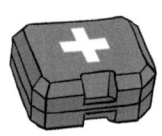

პირველადი დახმარების აფთიაქი

急救箱

SOS

呼救信号

პოლიცია

警察

ევროპა
欧洲

ჩრდილოეთ ამერიკა
北美洲

სამხრეთ ამერიკა
南美洲

აფრიკა
非洲

აზია
亚洲

ავსტრალია
澳洲

ატლანტიკა
大西洋

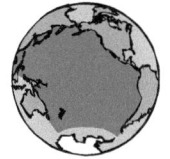

წყნარი ოკეანე
太平洋

ინდოეთის ოკეანე
印度洋

ანტარქტიკის ოკეანე
南冰洋

ჩრდილოეთის ყინულოვანი ოკეანე
北冰洋

ჩრდილოეთ პოლუსი
北极

სამხრეთ პოლუსი
....
南极

ანტარქტიდა
....
南极洲

დედამიწა
....
地球

ხმელეთი
....
陆地

ზღვა
....
海

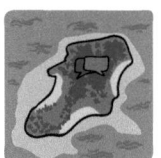

კუნძული
....
岛

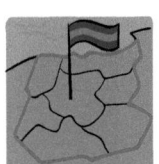

ერი
....
国家

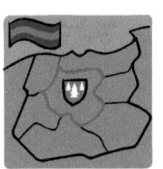

სახელმწიფო
....
国家

საათი

钟表

ციფერბლატი

钟面

საათების ისარი

时针

წუთების ისარი

分针

წამების ისარი

秒针

რომელი საათია?

现在几点？

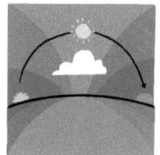

დღე

天

დრო

时间

ახლა

现在

ციფრული საათი

电子表

წუთი

分

საათი

时

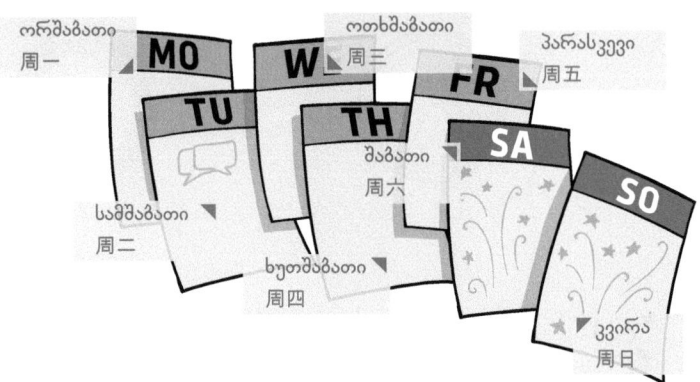

ორშაბათი 周一 | MO
სამშაბათი 周二 | TU
ოთხშაბათი 周三 | W
ხუთშაბათი 周四 | TH
პარასკევი 周五 | FR
შაბათი 周六 | SA
კვირა 周日 | SO

გუშინ

昨天

დღეს

今天

ხვალ

明天

დილა

早晨

შუადღე

中午

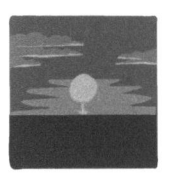

საღამო

晚上

MO	TU	WE	TH	FR	SA	SU
1	2	3	4	5	6	7
8	9	10	11	12	13	14
15	16	17	18	19	20	21
22	23	24	25	26	27	28
29	30	31	1	2	3	4

სამუშაო დღეები

工作日

MO	TU	WE	TH	FR	SA	SU
1	2	3	4	5	6	7
8	9	10	11	12	13	14
15	16	17	18	19	20	21
22	23	24	25	26	27	28
29	30	31	1	2	3	4

შაბათი-კვირა

周末

წელი
年

წვიმა
雨
ცისარტყელა
彩虹
ქარი
风
თოვლი
雪
გაზაფხული
春
ზაფხული
夏
შემოდგომა
秋
ზამთარი
冬

ამინდის პროგნოზი

天气预报

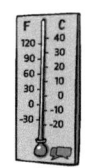

თერმომეტრი

温度计

მზის სხივი

阳光

ღრუბელი

云

ნისლი

雾

ტენიანობა

潮湿

ელვა

闪电

ქუხილი

打雷

შტორმი

风暴

სეტყვა

冰雹

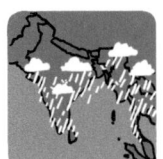

მუსონი

季风

წყალდიდობა

洪水

ყინული

冰

იანვარი

一月

თებერვალი

二月

მარტი

三月

აპრილი

四月

მაისი

五月

ივნისი

六月

ივლისი

七月

აგვისტო

八月

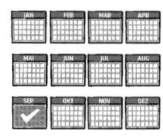

სექტემბერი

九月

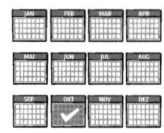

ოქტომბერი

十月

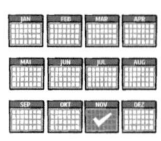

ნოემბერი

十一月

დეკემბერი

十二月

ფორმები

形状

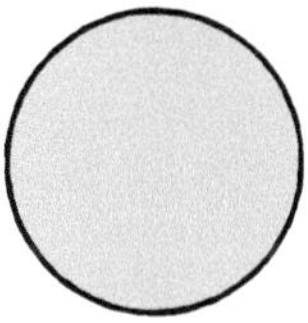

წრე

圆形

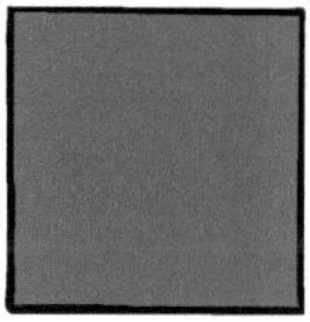

კვადრატი

正方形

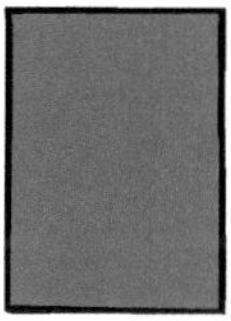

მართკუთხედი

长方形

სამკუთხედი

三角形

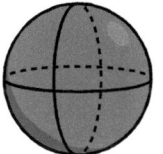

სფერო

球体

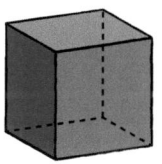

კუბი

立方体

ფერები
颜色

თეთრი

白

ყვითელი

黄

ნარინჯისფერი

橙

ვარდისფერი

粉

წითელი

红

იისფერი

紫

ცისფერი

蓝

მწვანე

绿

ყავისფერი

棕

ნაცრისფერი

灰

შავი

黑

საპირისპიროები

反义词

ბევრი / ცოტა

很多/少许

გაბრაზებული / მშვიდი

生气/平静

ლამაზი / მახინჯი

美/丑

დასაწყისი / დასასრული

首/尾

დიდი / პატარა

大/小

ნათელი / მუქი

明/暗

ძმა / და

兄弟/姐妹

სუფთა / ჭუჭყიანი

干净/肮脏

სრული / არასრული

完整/缺失

დღე / ღამე

白天/晚上

მკვდარი / ცოცხალი

死/生

განიერი / ვიწრო

宽/窄

საჭმელად ვარგისი /
საჭმელად უვარგისი

可食用/非食用

ბოროტი / კეთილი

邪恶/善良

შთამბეჭდავი / მოსაწყენი

兴奋/无聊

სქელი / თხელი

胖/瘦

პირველი / ბოლო

第一/最后

მეგობარი / მტერი

朋友/敌人

სრული / ცარიელი

满/空

მყარი / რბილი

硬/软

მძიმე / მსუბუქი

重/轻

მოშიებული / მწყურვალე

饿/渴

ავადმყოფი / ჯანმრთელი

生病/健康

არალეგალური /
ლეგალური

非法/合法

ინტელექტუალი / სულელი

聪明/愚笨

მარცხენა / მარჯვენა

左/右

ახლოს / შორს

近/远

ახალი / გამოყენებული

新/旧

არაფერი / რაღაცა

没有/有些

მოხუცი / ახალგაზრდა

老/幼

ჩართვა / გამორთვა

开/关

ღია / დახურული

打开/合上

ჩუმი / ხმამაღალი

安静/吵闹

მდიდარი / ღარიბი

富/穷

მართალი / მტყუანი

对/错

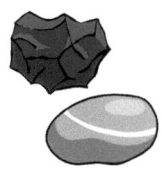

უხეში / გლუვი

粗糙/光滑

სევდიანი / ბედნიერი

伤心/高兴

მოკლე / გრძელი

短/长

ნელი / სწრაფი

慢/快

სველი / მშრალი

湿/干

თბილი / გრილი

温暖/凉爽

ომი / მშვიდობა

战争/和平

0

ნული

零

1

ერთი

一

2

ორი

二

3

სამი

三

4

ოთხი

四

5

ხუთი

五

6

ექვსი

六

7

შვიდი

七

8

რვა

八

9

ცხრა

九

10

ათი

十

11

თერთმეტი

十一

12
თორმეტი
十二

13
ცამეტი
十三

14
თოთხმეტი
十四

15
თხუთმეტი
十五

16
თექვსმეტი
十六

17
ჩვიდმეტი
十七

18
თვრამეტი
十八

19
ცხრამეტი
十九

20
ოცი
二十

100
ასი
百

1.000
ათასი
千

1.000.000
მილიონი
百万

ენები
语言

ინგლისური

英语

ამერიკული ინგლისური

美式英语

ჩინური მანდარინი

普通话

ჰინდი

印地语

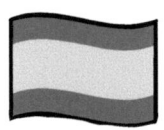

ესპანური

西班牙语

ფრანგული

法语

არაბული

阿拉伯语

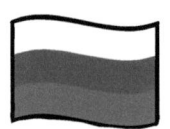

რუსული

俄语

პორტუგალიური

葡萄牙语

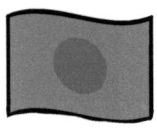

ბენგალური

孟加拉语

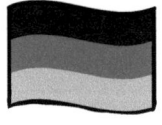

გერმანული

德语

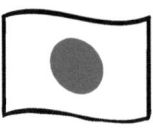

იაპონური

日语

ვინ / რა / როგორ
谁/什么/怎样

მე

我

შენ

你

ის / ის / იგი

他/她/它

ჩვენ

我们

თქვენ

你们

ისინი

他们

ვინ?

谁？

რა?

什么？

როგორ?

怎样？

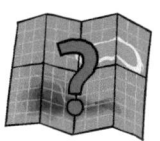

სად?

哪里？

როდის?

什么时候？

HELLO, I AM

სახელი

名字

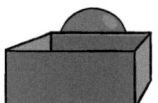

სად

方位

უკან

后面

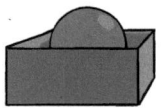

შიგნით

里面

წინ

前面

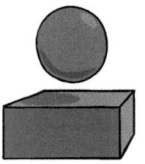

ზედ

上方

=-ზე

上面

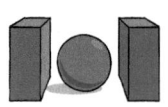

ქვეშ

下面

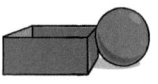

გვერდით

旁边

შორის

中间

ადგილი

地点